JN439233

웃음으로 쏟아지는 눈물

국립중앙도서관 출판시도서목록(CIP)

웃음으로 쏟아지는 눈물 : 정명순 시집 / 지은이: 정명순.
-- 대전 : 지혜 : 애지, 2014
p. ; cm. -- (지혜사랑 ; 110)

ISBN 979-11-5728-000-1 03810 : ₩9000

한국 현대시[韓國現代詩]

811.7-KDC5
895.715-DDC21 CIP2014016962

지혜사랑 110

웃음으로 쏟아지는 눈물

정명순

지혜

시인의 말

첫 시집에 살아계시던 어머니가 돌아가셨습니다. 흰머리가 늘어나고 몸은 생기를 잃어갑니다. 메마른 가슴이 쩍쩍 갈라집니다.

갈라진 틈새로 흘러나오는 호흡은 여전히 뜨겁습니다. 상처를 좀 더 벌려봅니다. 제법 붉은 불길입니다. 탈일만 남았습니다.

2014년 봄
정명순

차례

1부 둥지

2부 다육질 웃음

3부 파랑주의보

4부 마음의 밀도

• 일러두기

한 연이 첫 번째 행에서 시작될 때는 > 로 표시합니다.

1부

둥지

우리 사이

아무래도 우리 사이
23.5도 기울어져
서로 맞추려고 몸을 비틀 때마다
우드득 우드득 뼈마디가 뒤틀리고
그 사이로 사나운 바람이 부는가 봐
막으려 해도 가슴을 훑고 지나는 바람이
혼자라는 말을 남기고 가나 봐

바로 설 수 없는 지구처럼
어쩌면 삐딱한 게 정상일까
지구가 똑바로 있다면 언제나 같은 온도
어느 곳은 너무 뜨겁고 어느 곳은 너무 춥고
기울어져 있어 사계절이 있는 거라지
지구가 똑바로 있다면 언제나 같은 빛
한쪽은 늘 낮이고 한쪽은 늘 어둠이라지

운명처럼 기울어진 탓인지
한 귀퉁이가 허물어진 탓인지
바로 잡으려 할 때마다 통증이 밀려와
그것이 너와 나의 영원한 간격,
그래서 사계절 꽃이 피고 지는 것일까
그래서 낮과 밤이 바뀌는 것일까

>

사랑이 기울면 미움이 되나 봐
미움이 기울면 사랑이 되나 봐

풍경風磬

누가 물고기를 달아 놓았을까
바람이 불면 부는대로
잦아들면 잦아드는대로
푸른 물살을 가르던 지느러미는 초연하다

거친 물길 거슬러 오르며
살과 뼈 다 발라내고
기억까지 날려 보냈는가
앙상한 세월의 문신을 새기고
바람이 된 물고기 한 마리

누가 내 마음을 달아 놓았는가
울리지 않는 전화기 집어던지고
바다를 등지며 도망치듯
거슬러 오른 깊은 산속에서
물고기 한 마리로 울게 하는가

버리지 못한
살과 뼈, 기억의 통점이
겨울바람에 몸서리치는데
누가 바람에 울고 있는가

하늘은 멀어서 좋다

오지 않을 거리
기대조차 할 수 없어
아무리 품어도 죄가 되지 않는
먼, 머언 거리

어쩌지 못하는 말
불끈불끈 치솟을 때
터지지 못하는 응어리로
얼굴 붉어질 때

창 밖으로 보이는 빈 들녘
단 한 번도 기도해 본 적 없는 십자가
구름 한 점 없는 하늘의 별
먼 것일수록 더 좋다

먼 곳으로 통하는 지름길은
가슴, 비밀스런
하늘은 멀어서 좋다
그대, 아득히 멀고 멀어서
가슴 가득 차고 넘친다

적신호

0시를 넘긴 시각
오가는 차도 사람도 없는
한적한 길에서 붉은 신호를 만나면
잠시 망설이게 된다
짐짓 어기고 싶어진다
그러나 나는
정확하게 멈춤.
빨리 가라고 빨간불이 아니다
쌩하니 자동차 한 대가
비웃음처럼 스쳐간다
어둠 속에 혼자
신호를 지키고 있는
나는 천상 바보다
어제도 그랬고, 그제도 그랬고
오래 전
너를 보낼 때도 그러했다

상사화

긴 밤, 베개 깊숙이
밭을 갈고 상사화를 피웠다

죽은 듯 잠을 잤나
눈물도 흘렸었나
얼굴에 잔 이랑이 패이고
베갯잇엔 꽃무늬 얼룩이 졌다

기댄 자국은
항상 내게 남는다
바위에 기댄 소나무처럼
서서히 돌로 진화한다

제자리로 돌아오지 못하는
장애, 상처는 온전히 내 것

기억의 책장을 덮듯
돌아눕는다
베갯잇을 바르게 펴고
눈을 꼭 감는다

밤새 피워놓은 꽃은 서서히 지고
아무렇지도 않은 듯 아침은 오고

다시, 오늘이어도

날짜 경계를 넘어서자
어제가 오늘이 된다
겨우 버텨온
간신히 비켜온
갈등이 다시 들썩거린다
경계 너머로 돌아가면
다시 시작될 수 있을까
미쳐 다하지 못한 말들과
다가가지 못한 발걸음
처음부터 다시,
돌아선 마음은 이미
저만치 달아나고 있는데

두 개의 시간이 흐른다
지구 반대편에서
네가 잠이 들면 나는 눈을 뜨고
네가 눈을 뜨면 나는 잠을 잔다
결코 좁혀지지 않는 거리를 두고
정확하게 흐르는 시간
만날 수 없는 시침 두 개가
오늘도 제 자리를 돌고 있다

절벽

등을 쓸어주면 깊은 잠에 들곤 했다
떨어지지 않으려고 담쟁이처럼
치열하게 등에 매달렸던 그 땐,
등이 절벽이라는 것을 몰랐다
사는 것은 절벽에 매달리는 것
사람은 절벽에 오르며 산다는 것을 몰랐다

가슴으로 안아줄 수 없는
사랑은 등에 매달린다
아슬아슬 절벽 틈새로 뿌리를 내린다
다른 곳을 보고, 다른 것을 품는
돌아선 등에 매달려 목숨을 건다

지친 밤이면 무너져 눕는 절벽들
그림자처럼 슬그머니 곁에 누워
깊은 잠에 든 등을 쓸어내린다
맺힌 응어리가 스치는 손끝에서 와르르 떤다
너는 어느 등에 매달려 있는 것일까
읽지 못할 편지를 밤새 절벽에 쓴다

달맞이꽃

깜깜한 밤이어야
오히려
눈부신 생이 있다

하늘 땅 바다
경계가 사라진
하나의 시간

모든 것을 눈감아 주는
어둠이 있어, 인생은
살만한 지도 모른다

온다와 안 온다 사이

비바람 몹시 불어
아카시아잎 맥없이 흩날리던 날
온다 안 온다 온다 안 온다
무더기로 떨어져 내렸다
온다와 안 온다 사이
깊고 아득한 정적
그 들숨과 날숨 사이에서
잠자리 날개처럼 떨리던 고백과
침묵으로 전해오던 이별이 글썽거렸다

큰 숨을 내뱉어도
오히려 팽팽하게 차오르는 맥박
날을 세운 이성理性과는 상관없이
심장의 초침은 기다림을 멈추지 않았다
온다 안 온다 온다 안 온다 온다
운다 안 운다 운다 안 운다 운다
아카시아는 마지막 잎사귀를 붙잡고
남은 숨을 참아내고 있었다

월척

물살이 휘도는 곳에
고집스레 찌를 던진다
거친 물살 거슬러 올라와
미끼를 물었다 놓았다
장난을 치며 나를 가지고 노는
당돌한 놈, 파닥파닥 건져 올리고 싶어
바위틈새에 단단히 자리를 잡는다

나는 무엇을 건져 올리기 위해
세상에 던져진 미끼일까
채울수록 허탈해지는
서슬 퍼런 외로움은 무엇일까
내 몸을 통째로 던져
세상을 농락하고 싶은 밤

하늘에 걸려있는 초승달은
오는 구름, 가는 구름
한 점도 낚지 않은 채
가장 작은 빛을 던져놓고
월척을 기다리고 있다

덤

산야를 덮었던 눈 녹아내려
헐벗은 능선 고스란히 드러날 때
난 알았네
그대는 내 삶의 덤이라는 것을

길을 걷다 우연히 발견한
동전 속의 학처럼
뜬금없이 날아든 편지
그 낯익은 글씨처럼
팍팍한 시간을 파고드는
신선한 바람

두꺼운 안개 산산이 깨져
발등에 부서져 내리던 날
나는 알아버렸네
덤이 생의 전부라는 것을

허공의 사랑

수암산 자락에
머리 가슴 다리
도막난 몸으로 이리저리 뒹굴다
다시 하나가 된 석조보살이 있습니다

지친 몸으로 그 앞에 서면
나도 세 도막이고 싶다고
뜨겁게 들먹이는 가슴과
주체할 수 없는 두 다리
그것들을 칭칭 동여매고 있는 머리를
도막내 달라 매달리고 싶습니다

땅에 박힌 두 다리 감싸 안고 올려보면
빗물인 듯 눈물인 듯
상처에서 흐른 흥건한 흔적
보살의 머리와 가슴과 다리는
허공에 던진 눈길을 따라
한 곳을 향하고 있습니다

떠나야 하는 이유와 떠날 수 없는 이유
미워하는 이유와 미워할 수 없는 이유
죽고 싶은 이유와 죽을 수 없는 이유

>

허공에 매달린, 사랑
오직 하나였습니다

하현달은 지고

벌레 먹은 밤을 본 적 있는가
작은 구멍 위로 속살 소복이 쌓이면
그 안에 작은 집이 들어서는 것이다
두꺼운 껍질 안에서 밤은 서서히 사라지고
지친 어깨 따스하게 감싸 안으며
도란도란 불빛이 모여든다

벌레 먹는 밤이 그대에게 있었는가
밤의 한 귀퉁이가 떨어져 나가는 소리
속을 갉아내는 소리가 커질수록
시린 달빛처럼 팽팽하던 불면의 저쪽
잡힐 듯 들려오는 그리운 목소리

어둠의 내부로 비밀스레 들어서서
생을 슬어놓는 존재를 위해
내장 다 풀어 내주었어도
가슴 벅차오르는 소중한 밤이
그대에게도 있었는가

허수아비

아무 것도 하지 않는 것이 아니다

어수룩하고 초점 없는 눈빛
만취한 아버지처럼 서있지만
그 속은 사람답고 싶은 바람으로 가득하다

강해 보이려는 과장된 표정과 몸짓
하지만 참새는 무서워하지 않는다
뒤뚱거리는 허수의 실체를 안다
허수가 서있는 까닭이
참새를 쫓으려는 것이 아니란 걸
근질거리는 바람의 유혹
흔들리고 싶은 마음을
훠이훠이 쫓고 있다는 걸 안다

전부라고 믿었던 현실이
모두 떠난 텅 빈 들녘으로
바람이 들어차도
움직일 수 없는 허수 곁에는
참새, 이룰 수 없는 사랑
평생을 거부했지만
진정 기다린 건 참새였을까

기다림으로 빚어져
보내는 것이 운명인 허수

아무 생각도 없는 것이 아니다

고백

말했던가
눈을 감는 까닭을
노을 속으로 이름 석자 던지고
돌아오는 길
짙은 안개 흐드러진다고
미워 죽겠다고, 내가
말을 했던가, 농담이야
크게 웃어 버렸던가

말이 되지 못하고 부서진
마음아

멈출 수 없을 때가 있다

가슴 한 가운데 못을 꽂고
절정의 순간을 박제한
나비처럼
대못이 심장을 관통하여
한 걸음도 나아가지 못할 때가 있다

퇴화된 날개 뼈가
울음처럼 들먹이며
온몸으로 번지는 통증

봄이 와, 바람이 불어
들꽃들이 목젖 다 드러내고
큰 울음 터트리듯

대못 흔들어 빼는 아픔일지라도
중력을 뿌리치는 날갯짓
멈출 수 없을 때가 있다

둥지

작을수록 좋다
부리와 깃털 부비대며
겨우겨우 뼈를 맞출 수 있는
그리하여 바람 들 틈새 하나 없는
둥지는 비좁을수록 좋다

은행나무 끄트머리에
잔가지 하나씩 물어다 엮은
털실 뭉치 같이 포근한,
지붕 없어 비가 새고 눈이 쌓여도
햇볕 한 줄기만으로 금새
금싸래기 같은 빛이 흘러넘치는
아슬아슬 별 가까운 곳

어두울수록 좋다
동굴 속 같은 짙은 어둠
머리부터 발끝까지 끌어 덮고
잔 숨결로도 전부를 느낄 수 있는
둥지는 칠흑 같을수록 좋다

서로를 향해 흐르는
마음 부풀어 부풀어

출산할 듯 만삭이 되는
둥지는 자궁을 닮아있어 좋다

詩같은

장황하게 늘어놓지 말 것
유치하고 뻔한 말일랑 하지 말고
그리움 외로움 절절한 감정 금물
소녀적 취향도 사양
길게 끌면 지루해
절제되고 서늘하게
같은 말 자꾸 반복하지 마
간략하게 한 줄로
때론 짧은 것도 지루하기 그지없어
슬픔은 기본
바늘 끝 같은 아픔으로
실존을 파고들어
필요할 땐 마침표를 반드시 찍을 것

내 사랑아

2부

다육질 웃음

답게

나에게 나는
잊고 산 사람
가까워 너무 가까워
있는 듯 없는 듯
잃어버리고 산 사람이다

나를 이끌어온 것은
언제나, '답게'
딸답게 여자답게 아내답게
답게 답게 답답하게,
깨알같이 빼곡하고 반듯한
답게의 기준

우리는 모두
하나의 짐승이었는데
울음으로 태어난 순간부터
답게의 덫에 걸려
자기를 잃어버린 건 아닐까

매일 아침 눈을 뜨면
나는 결정을 해야 한다
점점 커지는 내 안의 소리에

귀 기울여야 할지, 모른 척 해야 할지
세상에서 가장 모호한
답게라는 기준 앞에서
균형을 잃고 자꾸만 흔들린다

네비게이션 여자

한 번 목표를 정하면 끝을 본다
길을 잘못 들었더라도
빙빙 같은 자리를 돌지라도
포기나 절망은 그녀에겐 없다
핏대 한 번 세우지 않고
다시, 또 다시 최선의 길을 찾아
오로지 나아갈 뿐이다

길이 아니란 걸 알면서도
돌아 나오지 못하고, 홀린 듯
끝내 절벽 앞에 선 적이 있다
햇덩이가 지직거리며
바닷속으로 빠져들 때
그 불길을 따라 미끄러지듯
불을 끄고 싶었던,

교차로에 서면
언제나 흔들리던 마음
내면의 푯말을 외면한 채
겉돌기만 했던 시간들

또랑또랑 다부진

오뚜기 같은 여자
최종 목적지를 입력한다
꼬인 길 풀어가며 돌아가며
길을 만들면서 간다

다육질 웃음

물 없이도 잘 자란다는
다육식물 몇 개를 샀다
한결같이 두툼하고 단단한 잎을 가졌다
물이 없어도 잘 사는 것이 아니라
사막에서 살아남기 위해
물을 저장하고 지키기 위해
스스로 독해진 것이다
햇볕에 물기를 빼앗길까
밤에만 숨을 쉬는 것이다

주의! 물을 많이 주면 죽는다

열이 끓는다
엄살이라도 부려야
따뜻한 위로라도 받을까
열기를 감추고
괜찮은 척 웃는 게 익숙해졌다
주어진 최소한의 양분을 지키려
단단해진 웃음
슬플수록 더 많이
아플수록 더 붉게
부딪치며 진화되는
나의 웃음은 두툼한 무색이다

곱슬을 펴다

지독한 곱슬이라 잘 펴지지 않는다고
감은 머리에 약을 한 번 더 바른다
스무 살 사랑니를 뽑을 때도 그랬다
괴팍하게 굽어 한 번에 뽑히지 않는다고
사랑 참 고약하게 하겠다더니
이를 뽑고 시퍼런 멍이 들었다

곱슬을 한 번 펴보겠다고
독한 약을 두껍게 바르고 있자니
사랑니 뽑힌 자리가 욱신거린다
창밖으로 국지성 소나기가 간간히
노년의 발길을 묶는데
비 정도는 걸림돌이 될 수 없다는 듯
젊음이 첨벙첨벙 걷고 있다

쇼윈도의 마네킹은 계절을 앞서
가을 재킷을 걸치고
세일 폭탄을 맞은 여름상품이 널브러져 있다
가고 오는 계절 사이로 교차하는 세대
머리에 김이 오른다
고열에 곱슬이 펴지는 중이다

>

타고난 생의 곱슬을 펴보겠다고
몸을 달구는 사이 세월은 흐른다
여기 저기 남은 화상 자국이
깊은 주름 속으로 숨는데
어렵게 펴낸 머리카락 사이를 비집고
억세게 밀고 나오는 흰머리
매끄럽게 펴지지도 않는다

잘 살아있다

폭우 쏟아지는 날
매미 한 마리 방충망에 매달려 있다
긴 세월 벼르고 별러
날아든 곳이 여기인가
울음 한 자락 뽑아내지도 못한 채
젖은 날개 접고
미동조차 하지 않는다

눈이 마주쳤다
심장을 투시하는 섬뜩한 물빛
너 아니면 죽겠다던
헛된 공허를 보는 듯
그렇게 영원의 부재를
접은 날개에 새기려는 듯

나는 잘 살아있다
사랑 없이도
날개 없이도 살아간다
네 눈으로 똑똑히 보듯이
방충망 안에 갇혀 잘 살아있다

남은 둘은

십여 년만에 볼링장에 들렀는데
팔, 팔, 팔, 여덟 개만 넘어간다
-아직 팔, 팔 한데!
고랑으로 나뒹굴던 아마추어 생
이젠 물먹은 공처럼 굴러가지만
적어도 여덟 개는 쓰러뜨린다
하지만 꼿꼿하게 남은 두 개의 핀
범접할 수 없는 형형한 눈동자가
나를 노려본다
살아오면서 넘어뜨린 여덟은
무엇일까, 남은 둘은
-뭐냐, 마무리를 잘 해야지!
마무리, 그래, 마무리
두 개의 핀을 향해 신경을 조준한다
둘은 죽음을 각오한 연인처럼 꼿꼿이 서 있다

짐은 꽃으로 핀다

찬바람 휘몰아치는 겨울산자락
사과나무에 사과를 꼭 닮은
붉은 꽃이 피었다
가지를 잡아주기 위해 매달아놓은 추錘
잡아당기는 대로 가지는 묵묵히 땅을 향한다
적당한 높이로 몸이 기운 어린 나무

물지게 진 만삭의 어머니가
왕겨자루 짊어진 아버지가 오르던
비탈진 길,
제 몸보다 더 큰 짐을 진 사람들은
몸을 숙이며 낮게 오른다
길가 산나물을 파는 할머니의 등도
납작하게 땅으로 향하고
고운 능선 그리며 산도 아래로 내려온다

묵직한 추錘가 노을에 익어가는 저녁
짐은 붉은 꽃으로 핀다

도깨비는 그렇게 믿었다

목에 혹이 달렸다
혹이 자랄수록
눈물은 그 안에서 출렁이고
구슬픈 가락 새소리처럼 흘러나왔다
도깨비는 그렇게 믿었다

가끔 노래 주머니는
가슴속에서 비밀처럼 자란다
할 수 없는 말들이
부풀어 부풀어 오르다
들켜버리고 말 때
가슴에 핀 꽃도 함께 떨군다

목도 아닌, 가슴도 아닌
머릿속 한 가운데 노래주머니를 숨긴
미련한 친구가 있었다
신경세포 하나씩 하나씩 사위어 가며
생각도, 눈도, 몸도 접어버린

노래 주머니는
가장 여린 곳에서 자란다
거부하지도 뱉어내지도 못한 채

꾹꾹 밀어 넣은 아픔이
시간을 초월한 진화를 거듭하다가
득음한 마지막 노래 토해내며
한 줌 가락으로 돌아간다

아름다운 그늘

열 살은 더 들어보여
보톡스라도 맞아 감추고 싶은
축 쳐진 눈 밑 주름
그걸 예쁘다 말한 사람이 있었지
쏟아내지 못하고 속으로 응고되어
비빌 때마다 바삭바삭 쓰린 눈물 올라오는데
-아휴, 저 예쁜 주름 좀 봐!
어이없어 웃을 수도
서러운 주머니를 터트릴 수도 없었지
아마도 그는 온 몸에 포도송이처럼
주머니 수백 개쯤 달고 있을까

그날 이후 눈물주머니는 나의 자랑이 되었지
슬픔 있는 사람들끼리 모여
밤마다 별빛보다 더 반짝거렸지
이야기를 나눌 때마다 쏟아지는 별빛
가끔 술잔 속에 풍덩 빠뜨려
원 샷, 단숨에 삼켜버리곤 했지
건드리면 툭 터질 눈물을 가진 것이
얼마나 큰 행운인지
눈물 많은 사람이 얼마나 눈부신지
알게 되었지

옆구리 꾹 찌르면
큰 웃음으로 쏟아지는 눈물
예쁘다, 예쁘다, 봄바람이 불고 있었지

타, 버려라

탈 것은 타야 한다
비단 장작뿐이겠는가

타오른다는 것은
무게를 더는 일

가쁜,
한 줌 재로 돌아가는 것

타거라
타, 버려라
사랑, 그 사람

꽃몸살

온종일 바람으로 떠돌았습니다
목련 때문이야 홍매화 때문이야
햇살에 부서지는 벚꽃 때문이야
어느 새 잎이 돋기 시작한 산수유 때문이야

꽃들이 전부 하늘을 향한 건 아니었습니다
뿌리를 향해 고개 숙인 수양벚꽃
제 발등에 꽃눈물을 쏟아 붓고 있었습니다

그러나
꽃은 꽃일 뿐
봄은 어디에도 없는
허허로운 길

새벽녘 발원를 알 수 없는 가려움이
띠단처럼 몸을 휘감더니, 뒤척뒤척
붉은 봉오리가 맺혔습니다
생살 찢어내는 아픔
내일은 온몸에 봄이 피겠습니다

매듭을 향해

펜 대신 대바늘을 잡고
시간을 엮는다 고리가
또 다른 고리를 끌고 나온다
실뭉치가 줄어들수록
구구절절 길어지는 사연

늘어지는 것 같아 조이면 촘촘해지고
빡빡한 것 같아 힘을 빼면 축 쳐진다
아차, 하는 사이 고리를 빠뜨려 구멍이 뚫리며
흠집 많은 생이 완성되어간다 매듭을 향해
남은 실이 힘없이 끌려 다닌다

칼을 뽑듯, 바늘을 뺀다

홀로 거슬러 올라가는 시간
낡은 사진첩처럼 스치는 구불구불한
사연들, 하나로 연결되어 있다
실뭉치가 다시 커지기 시작한다
결국은 살아내야 할 몫
매듭을 향해 바늘을 깊숙이 꽂는다

비 맞아 봐요

높은 곳에 올라 있으니
지상이 아득히 멀어요
사람들은 재깍재깍 움직이고
집도 나무도 자동차도
무성영화 속 소품 같아요

서울땅 겨우 63층인데
빗소리도 들리질 않아요
장대비에 지상의 소품들이
이리저리 쓰러져도
따가운 아픔으로 울어대도
먼 풍경일 뿐이예요

올라가면 올라갈수록
눈 멀고 귀 먹고, 결국
남들 다 아는 것 혼자만 모르는
바보가 되어 가는 건가요
그럼, 이 세상 가장 바보는
하늘이 아닐까요

멀리서 구름을 뭉치지만 말고
비 맞아 보세요 함께

흠뻑 젖어 울어 보세요
가끔은 헛소리에도
어깨 토닥여 줄 수 없나요

바람에 맡기고

첫눈답지 않은 폭설이 지나가고
햇살 쏟아지는 날, 오랜만에
아버지 무덤을 찾는다
잊혀져가는 만큼 봉분은 낮아져
풀이 죽어있다
얼었다 풀리기를 반복한 땅은
밟을 때마다 힘없이 푹푹 꺼진다

늘 그렇다
깨지거나 풀리지 않거나
뱉지 못한 욕지거리가 쌓이거나
매달려 징징거리고 싶을 때
그런 내가 죽도록 미워질 때
아버지를 찾는다

공연히 삐죽거리며 튀어나온
마른 풀을 뽑아대면
말없이 미소를 그리는 봉분
술 한 잔도 없이
맨 담배를 틈새에 꽂으니
파란 연기가 안부를 묻는다
담배 태우는 일조차 바람에 맡기고

오래오래 입에 물고만 있는 아버지

바람이 멎고
담배연기 곱게 하늘로 스민다

흔들릴 수 있는 행복

바람이 지나야, 비로소
나무는 자신이 흔들릴 수 있다는 것을 안다

살랑살랑 선을 넘어보기도 하고
속절없이 아무에게나 손을 흔들어 보기도 하고
잎사귀 몇 개 털어내는
가지 꺾이는 아픔에 울어도 보며
빼곡하게 쟁여있는 그늘을 털어내는
흔들릴 수 있는 건 행복한 일

바람이 지나도, 결코
바위는 흔들릴 수조차 없다는 것을 안다

동지

투명하다고 색이 없는 것은 아니다
물이 깊어 바다 푸르다
유리창이 겹쳐지면 하늘빛이 되고
아픔도 쌓이면 멍빛이 된다

보이지 않는 마음
아득한 이름들이 모이면
까만 밤이 된다
속내 드러내고 실컷 운다
생존을 위해 사느라
단맛을 잃어버린 고양이
푸른 눈들이 일제히 발광한다

아픔들이 모이는 어둠
하얗게 머리가 새더라도
오늘만은 결코 잠들 수 없다
세상의 모든 굴레 위로
붉은 팥죽 뜨겁게 뿌리며
긴 그림자로 휘청거린다

유성처럼 지는 동지의 밤

마티즈에 대한 추억

생전 처음 자가용이라고 하얀색 마티즈를 뽑았는데 난초다방 수다방 미소다방 차 배달 전문 티코의 시대가 가고 마티즈로 바뀐 거라 하루는 시장골목에 잠시 차를 세웠는데 낯선 남자가 반갑게 뛰어오는 거라 알 것도 본 듯도 아닌 듯도 어정쩡한 내게 '백조다방?' 한다 웃어야 할지 화를 내야 할지 대충 손사래를 쳤는데 그후로 난 난초다방 미스 박도 되고 수다방 미스 장도 되었다가 미소다방 미스 김도 되었는데 어느 날부터 배달차가 다마스로 바뀌어 마티즈시대와 함께 나의 미스 아닌 미스도 지나가 다시 아줌마가 된 거라

3부

파랑주의보

매화

완벽한 꽃송이
몇이나 될까

검게 삭은 둥치엔
초록 이끼

작은 듯 적은 듯
꽃을 피웠네

하늘은
빈 여백

겨울 사랑

몇 남지 않은 잎새가
차마 가을을 떨구지 못하고
몸을 말리기 시작할 때부터
저수지는 얼음 비늘을 잡기 시작했다
바람은 얼음을 가운데로 밀어가고
햇볕 한 점 없이 매섭던 날
세상을 향한 문을 닫아버렸다

깊이를 모르게 얼어버린 물살 위로
눈이 쌓이고 눈은 침묵이 되었다
얼음 위로 아슬아슬 길을 내고
저수지 한 가운데 자리 잡아
심장을 도려내듯 얼음을 깨고
낚싯대를 드리웠다

금이 가는 소리
실핏줄처럼 번지는데
아무 소리도 듣지 않겠다는 듯
물지 않는 찌를 붙잡고
목숨을 건 구애求愛를 하고 있었다

빛으로 가는 길

밤별을 관측하는 아이에게
날이 맑아 잘 보이겠다 했더니
달이 밝아 잘 안 보인다네요

해가 뒤로 물러나줘야
달이 빛나고
달이 옆으로 비켜줘야
별이 빛나는 걸

잠시 눈감아 주면
세상의 많은 어둠들이 반짝일까요
그래서 까만 밤이 부서질까요

낮별을 관측하는 아이에게
눈이 부셔 잘 보이겠냐 했더니
선글라스를 끼고 보아야 한다네요

빛으로 가는 길은 어둠이구나
시답지 않은 소리에
유성처럼 웃네요

맥문동꽃에서 매미소리가 난다

잔디조차 뿌리 내리지 못하는
질긴 그늘에 맥문동은
흘러내리는 봉분을 끌어 덮으며
아버지의 마른 기침소리를 다독이고 있었지
햇살은 나뭇잎 사이로 스쳐가고
무성한 그늘만 악착스레 끌어 모았지

한여름 매미소리 찌르르 찌르르
땅속에서 솟아올랐지
보이지도 않는 하늘을 향해
팽팽하게 당기던 꽃시위
굳은 살 박힌 꽃잎은 향기도 없어
보리알처럼 부스러져 버리지만
벌 한 마리 다가와 꽃잎을 열면
온 세상 매미들 파르르 울음을 토해냈지

지상을 뚫고 올라오는 보랏빛 울음
유리조각처럼 부서진 그늘이
햇살보다 더 따갑게 매미소리로 피어났지

예당저수지에서

네 무릎을 베고 누워
여울지는 호흡에 숨을 맞추며
긴 잠에 들고 싶어

말없이 내 곁을 떠나
덩그러니 혼자일 때
떠날 수 없었던 철새 한 마리
시린 물질을 쉬지 않으며
빈 자리를 지키고 있었지

긴 겨울 지나면
함께 머물던 이 자리를
빼꼭히 채운 나의 기도,
햇살은 꼼꼼히 곱씹어 줄까
깊숙이 삼켜버린 말들 거두어
길가에 찔레꽃으로 피워줄까

약속은 잊을 수도
거부할 수도 없는 내일
차마 부칠 수 없어
물결 위에 내던진 편지
되돌아와 내 발등에 부서졌지

애인

쉿! 모른 척 해줘
그저 비가 올 듯
약간 흐렸을 뿐
아무 일도 없었던 거야

구름 뒤편엔, 항상
태양이 불타고 있지
오작교가 열리고
까맣게 눈이 먼
견우와 직녀가 잠시
먼발치에 마주하고 서서
눈물조차 흘리지 못한 거야

60년 만의 개기일식
다시 60년 후에 나타난다는데
모르는 체, 영영, 지나가 줘
하늘도 가끔은 눈을 감는데

일력日曆을 넘기며

내일이 보일 듯 말 듯
얇은 습자지로 나풀거리던 일력日曆
날이 밝으면 어제를 뜯어내고
새날을 맞아야 한다고 각인시켰다
한 장 한 장 뜯어내는 즐거움은
빨리 어른이 되고 싶었던 꿈보다
부드러운 화장지가 필요했기 때문,
뜯어낸 하루는 화장실에서
뒤를 닦는 것으로 생을 마쳤다

정신없이 살아가다 보면
무더기로 떨어져 나가던 날들

나의 견고한 벽 한 가운데
내일이 비치지도, 화장지로 쓸 수도 없는
두껍고 빳빳한 날들이 걸려있다
막상 그 앞에 서면
차마 뜯어 낼 수가 없다
두툼하게 한 묶음이 된 지난 날
사이사이의 붉은 기록들
하루는 결코 종이 한 장이 아니다

부드러운 날은 가슴을 벤다

새 책에는 푸른 날이 숨어있다
첫 장을 넘기면 어김없이
어수룩한 나는 피를 흘리고 있다
잔뜩 도사린 문장들이
들어오기만을 기다렸다는 듯이
단 번에 손가락을 베어 문다
새 것들이란 모두 핏대로 날을 세운다

세상에 맞서며 세월에 부딪치며
스스로 날을 갈아낸다
수없이 핏대를 세운다
깨지고 부서질수록 날은 무뎌져
더 이상 상처 주지 않는
칼 아닌 칼이 된다

웃음과 울음이 구별되지 않는 표정처럼
단추 하나쯤 풀어져도 부끄럽지 않고
수작해도 발끈하지 않는 중년의 친구처럼
얼핏 측은해 보이기까지 하는
무디고 이 빠진 날은
슬픔의 군더더기를 덜어내 준다

바람 속에 답이 있다

생을 알기도 전에 동생은
남몰래 부엌칼을 집어든 적이 있었다고
캄캄한 내일을 잘라내려 했지만
죽음은 더욱 암담하여 손이 떨리더라고
아이를 낳고서야 고백했다

그 시절 일기장 속에서
수없이 죽음을 연습했던 나는
아침을 붙잡고 살아나곤 했다고
죽는 것은 오히려 쉬운 일이라고
언니답게 말했다

죽으면 편하지,
마지막 말을 남기고 쓰러진 아버지
두 해가 넘도록 떠나지도 못하고
삶을 되새김해야했던 혹독한 시간
가득 고였던 슬픔, 기억나니?

슬픔도 익숙해지면
사소한 일상이 되나 봐
많은 사람이 목숨을 던진 역재방죽
그 속에 뿌리를 내린 가시연이

꽃을 피워 올리는 걸 봐
살아야하는 까닭? 글쎄

몇 남지 않은 나뭇잎이
바람과 조용한 대화를 나누는
어느 초겨울 일이었다

여로

늘 새 길을 갔지만
어디에도 없었다
이미 나와 같은 바람이 뿌리고 간
눈물과 한숨으로 딱정이 진 길
그 위로 아무 일 없었다는 듯
꽃은 피어나고 있었던 거다

혼자이고 싶어 나선 길이다
하지만 늘 따라붙는 그림자 하나
온몸에 신열이 피고 잠이 오지 않는
낯선 곳에서의 하룻밤
너는 어디에도 없는데
여기까지 온 것인가

아무 관계도 없는 것이
더 사랑스러울 때가 있다
늙은 정자나무, 들풀 몇 포기
하늘, 그리고 한 잔의 커피
뒤돌아서도 향기 변치 않는
스침이 좋을 때가 있다

나, 그리고 나

속과 다른 겉모습이 부끄럽다고
어느 고등학생 시인이 말했다
비굴하게 숙인 고개, 거짓 웃음
어찌하지 못하겠다고

돌아보니 나 역시 그러했다
속에 감추어진 내가
순수한 나라고 생각했다
이젠 수정한다
멍들며 눈치살 붙으며
나를 짊어지고 다닌 껍데기,
이젠 몸 하나 추스르기도 힘겨워
자글자글해진 내가 안쓰럽다

하루에도 수 십 번
일탈을 꿈꾸는 어둠 속의 나를
변함없이 지키는 껍데기가
우직한 사내처럼 사랑스럽다

연체된 시간

꽉 막힌 배수구가
오물을 게워 올리는 새해 아침
밀린 공과금을 낸다
한 해를 넘긴 고지서에
만만치 않은 연체료가 붙었다

꼬인 시간 풀어낼 틈도 없이
밝아온 새 날
시작은 빚갚음이었다

고단한 삶에도 연체료가 있다면
기다림이 길수록
눈덩이처럼 커진 기쁨
되돌아 올 수 있는 거라면

풀어내지 못한 매듭
가슴 한 켠에 그대로 남아
막힌 배수관처럼 쿨럭거린다

파랑주의보

바다는 파도로 부서져야 싱싱해진다
갈라진 틈새에서 씨앗이 발아한다
바위 틈새로 소나무가 뿌리를 내린다
보도블록 사이에서 민들레가 핀다
숨이 되고, 길이 되고, 태반이 되는 흠집들

하늘도 가끔 제 몸에 칼을 댄다
상처에서 쏟아진 울음이
지상의 모든 흠집에 파고든다
지느러미 잘려진 채 바다에 버려진 상어도
마지막까지 상처로 호흡한다

상처 속 말줄임표 같은 길,
그 사이사이에서 맥박이 뛴다
일렁일렁 산소 방울이 솟는다
등 돌린 생을 향한 내 가슴은
오늘도 파랑주의보가 발령 중이다

첫눈이라는 핑계

첫눈은 꽁꽁 묻어 둔 그리움을
살짝 꺼내기 좋은 핑계다

눈길은 마음의 방향을 따라
담을 넘어 경계를 넘어
너와 나를 넘어 우리로
서로의 마음 속에 녹아내린다
비뚤어진 발자국을 덮어준다

눈송이 하나가
닫힌 마음에서 마음으로 길을 내고
세상이 덩달아 흔들려
하늘도 어쩌지 못하는 마음들이
와르르 쏟아지는 날

봄 여름 가을 내내
준비해온 문자 몇 송이
실없이 눈꽃 따라 날리고
농담같은 진담, 가볍게
던지기 좋은 핑계가 된다

가을이 오는 소리

빈 가슴 갈피갈피
찬바람 들고 나는 사이
하루는 낙엽처럼 진다
오랫동안 비워둔 내면의 방을
빼곡히 채우고 있는
긴 밤, 몸을 뒤척일 때마다
우드득우드득 마디를 넘어가는
기차바퀴소리가 낮게 깔린다
계절이 넘어가는 길목은
밤길에서 동동거리며 기다리던
어머니의 눈동자처럼
어두울수록 환해진다
넓고 낮게 깔리는 마음들
그리움이 산을 넘고 바다를 건너
오래된 골목에서 서성이고
하늘 저 편에 계신, 어머니
옹이진 관절염 소리도 실어온다

아픔도 일상이 되면

엄마의 주머니엔 늘 사리돈*이 있었다
읍내 약방으로 수없이 심부름을 하면서도
새하얀 알약의 정체를 알지 못했다
'두통'이라는 붉은 글씨를 보면서도
왜 통증을 느끼지 못했는지
심부름이 잦아질수록
한 알에서 두 알, 세 알로 늘어날수록
아픔은 살얼음지고 있었다는 것을
엄마, 맥없이 쓰러진 뒤에야 알게 되었다

며칠째 편두통에 시달리고 있다
밤 속을 갉아먹는 애벌레처럼
통증은 기억을 파헤치고 있다
꿈틀거리며 전해오는 엄마의 아픔
그랬을까, 아픔도 잦아지면
놀랄 일도 두려운 일도 아닌
일상, 먹먹히 웃음 지을까

진통제 두 알을 씹어 삼킨다, 통증이
창백한 수련으로 피어오른다

* 사리돈 : 두통약.

이승과 저승의 경계엔 막걸리가 있다

개가 자살했다는, 뱀이 자살했다는 얘기 들어봤나요?

이런 전설이 있지요. 저승으로 가려면 깎아지르는 듯한 계곡을 지나야 하는데, 그곳을 노파가 지키고 있지요. 거길 지나려면 반드시 막걸리를 한 잔 마셔야 하는데, 까닭은 그래야 모든 기억을 지우고 새로 태어날 수 있는 거지요. 그런데 어떤 이가 잔머리를 굴려 막걸리를 마시지 않고 통과했대요. 그리곤 개로 태어났지요. 사람의 기억을 가지고 개로 사는 고통, 결국 자살을 선택하지요. 다시 계곡에 이르렀는데 또 막걸리를 마시지 않았대요. 이번엔 뱀으로 태어났지요. 음습한 땅속을 견딜 수 없었던 그는 다시 자살을 선택했다는 그런……

막걸리를 마시지 않았기 때문이지요.

아파트로 들어서는 현관문은 기억과 상실의 경계이지요. 귀소본능에 따라 정확히 당도한 현관문 앞, 무의식에 이끌려온 몸만 남고 의식은 문을 닫는 순간 소멸되지요. 어찌어찌 들어왔는지 아무 것도 기억하지 못하면서, 아침에 눈을 뜨면 늘 그랬듯이 같은 곳에 옷이 걸리고 핸드백이 놓이고 화장을 지우고 스킨까지 바른, 무의식의 행동들, 굵은 소름이 돋지만 그래서 또 한 번 죽고 싶은 어제의 계곡을 건넜지요.

막걸리를 한 잔 걸친 까닭이지요.

몸이 말을 하다

오르는 일이 이렇게 어렵다니
살짝 뛰어올라 줄 하나 넘는데도
평생의 자존심이 무너져 내린다
찔끔거리는 오줌발
가슴으로 축축하게 젖어온다
여자에 오르는 일도 버거워
등 돌리는 밤이 별로 뜨고

마음이 급해질수록
나지막한 단어들이 살갑다
하늘에 닿는 길은 어쩌면
오르막이 아니었는지도 모른다
살아간다는 건 어쩌면
대지와 하늘이 만드는 지평선처럼
영원히 하나일 수 없는
수평의 길을 가는 것인지도

불쑥불쑥 치솟아
살얼음진 새벽을 깨치는
갱년기의 열기,
이젠 몸이 아니라
가슴으로 살라는 말인가
붉은 언어들이 열꽃으로 핀다

4부

마음의 밀도

외로움을 털다

잘 마른 들깨를 두드리니
빗소리가 난다
-참깨 털 듯 하면 안 되는 겨
-대를 탁탁 쳐줘야 알맹이만 쏟아지는겨
-일 못하는 여편네가 다 된 농사 망치네
적당히 탁탁, 이라는 게
깨알만 톡톡, 이라는 게
어려워 어깨에 힘만 잔뜩 간다
온종일 지나는 이 하나 없는 깊은 시골
홀로 사는 여든 넷 할머니의 농사 훈수
시범 삼아 두드리는 다부진 손에서
소낙비 한 자락 시원히 쏟아진다
-때릴 때 때리고 달랠 때 달래야지
-무조건 두들겨 댄다고 말을 듣나
바삭바삭 마른 입술로
깨알처럼 말을 쏟아 놓는 할머니
깊은 주름 속 어디
털어내지 못한 알맹이 하나 숨기고 있는가
마른 빈 깍지 같은 몸이
부스럭 부스럭 들먹거린다

접신接神

술이라면 환장을 하는 친구는
한 잔 할 때가 바로 접신接神의 순간이란다
평소 말없이 웃음만 있던 그 친구는
주신酒神을 만나는 순간
눈이 번쩍 뜨이고 입이 열리고 가슴이 터지며
온몸에 신기神氣가 올라
내면의 소리 방언처럼 술술 흘러나온단다
세 잔쯤 신을 영접하면
이별이란 돌부리에 걸려 무릎이 깨진 정도
그를 궁지로 내몰았던 웬수 같은 돈도
그저 바람에 지는 낙엽 정도로 보인단다
살아가는 일쯤은 동네 한 바퀴 도는 것
하하하 호탕하게 웃으며, 신은
이것보다도 싸서 늘 가까이 가는 거라며
만 원짜리 구겨진 지폐를 흔들어 보인다
그 정도면 최영장군 홍가신장군보다
제대로 된 신을 모셨구나 맞장구를 치며
나도 친구 덕에 접신을 하던 날,
주신酒神은 혈관을 타고 구석구석에 낀
아픔과 비밀을 건드리고 다녔다
젖은 것들이 들먹거리기 시작할 때
너는 신기가 다 눈으로 올라오냐, 단방에

웃음으로 쏟아지고 말았다
장마전선을 타고 올라온 천둥이
갈증으로 타들어가는 여름 속으로
우르릉 우르릉 우르릉 내려오고

기둥서방

혼란했던 시절 양색시들이 나이가 아버지보단 적고 오빠보단 많은 기둥서방을 어찌 불러야 할지 고민허다가 에이 모르것다 아버지랑 오빠랑 중간쯤이다 해서 말 꼬랑지 애교로 늘이며 아빠아아앙 부른 것이 아빠여 헌디 지금은 온천지가 아빵 아빵 기둥서방 뿐이니 세상이 어찌된 겨

스님이 걸쭉한 입담 풀어내니 생전 아빠 소리 한 번 해보지 못한 할머니들 배꼽이 빠지며 대웅전 처마가 들썩거린다 그 놈의 아빵 때문에 서방 뺏기고 독수공방에 시부모 모시랴 자식 키우랴 한 시절 다 보낸 할머니 글썽이며 한숨 폭삭폭삭 추임새를 넣으니

억울한 게 세상이고 세월이여 어쩔 껴여 이러저러 곡절 많은 세상 열심히 살어 온 할매들이 보살이여 그 웬수 잘 되라고 또 빌러 왔잖어 부처가 해주는 거 아무것도 없어 아무리 빌어봐 다 내 맴에 달린 거여 내 맴 비워 부처가 되는 거여 나한테 복 달라고 빌지 말어 내가 할매보다 더 박복한디 무슨 복을 주것어

봄바람 싱숭생숭 풍경을 집적거리는 법당 기둥서방은 하나 없고 지붕할매들만 보여 끄덕끄덕 오지랖을 펼치는 오후, 아지랑이처럼 졸던 고수 할머니 '이~'무릎 탁 치며 부처가 되는 거렸다

동력動力

희귀병에 걸려
죽음이냐, 마비냐의 갈림길에서
하반신에 메스를 대고
삶을 선택한 사람

아픔만 느낄 수 있어요
감각이 다 죽은 줄 알았는데
통증만 살아 기분 나쁘게 꿈틀거려요
하루에 진통제 4알씩
죽어라 먹어야 살 수 있어요

메스로도 떼어낼 수 없는
쉽사리 죽어지지도 않는
끈질긴 감각
꿈틀거리며 살아있음을 각인시키는
통증은 삶의 뼈아픈 동력이다

2차나 할까

시원한 맥주나 커피 한 잔,
2차나 하자는 기분 좋은 전화라면

2차 검진을 받으라는 의사소견서가
붉은 우체통에 꽂혀있다
발병가능 병명에 굵은 밑줄이 쳐 있다

정말 귀신이다
할아버지 아버지 엄마 오빠
가족의 내력이 그대로 쓰여 있다
아니라고 우겨도 벗어날 수 없는
낙인이 찍혀 있다
후끈 뜨거운 불똥이 튀어 오른다

잘 살아왔는지
단호하게 묻는 재검 통지서
잘못한 것 없어도
억울하다 하소연할 여백이 없다
모든 일은 갑자기 다가오지만
예감은 미리 와 있었다

친구에게 전화를 건다
우리, 시원하게 2차나 할까?

업보타령

금빛으로 번득이는 구렁이가
두 도막나는 태몽을 꾸고 낳았다는 우리 오빠
낫으로 도막을 친 것은 바로 중이었고
날 낳고 보니 목에 탯줄을 칭칭 감고 나와
중이 환생했다고 했다는데

내가 태어나자 오빠는 디프테리아에 걸려
펄펄 끓어대고 난 죽어라고 울어대더니
금줄 떼는 삼칠일에 오빠는 죽고
난 쥐죽은 듯 울음을 뚝 그치고
아버지의 자식사랑도 거기서 그치더라는데

유난히 무거운 삶의 무게에 짓눌려
죽고 싶을 때마다 오빠 때문이라고
아들로 딸로 서러울 때마다
오빠 몫까지 살기 때문이라고
어떻게 알았는지 점쟁이는
사내 팔자라 내 팔자 사납다는데

이젠 붉은 낙엽 지는 계절
씩씩한 아들로 살아왔으니
더 늦기 전에 더 늙기 전에

누군가에게 기대어 레이스를 달고 싶은데
목소리는 굵어지고
핏줄은 툭툭 불거지고

아름다운 뒷방

뒷방은 보물창고였다

가난한 겨울을 봄부터 준비했다
단단히 여문 마늘 콩 깨
추석 즈음 쌀 한 짝 들여놓으면
먹지 않아도 배가 불러왔다
천정에 매달린 씨앗주머니는
맏손자처럼 귀하게 대롱거리고

들락거리는 발길이 뜸해
냉기가 서려있었지만
이것저것 처박아 두기도 좋았다
그다지 필요하지 않은 듯한
버리자니 아까운 물건들
버리면 꼭 요긴하게 쓸 일이 생겼다

가끔은 누가 볼세라
숨어 울기 좋은 곳이었다
어둠의 고요 속에 안겨 있으면
견딜 힘이 감자싹처럼 돋아났다
긴 겨울이 지나고 새 봄이 오면
알맹이는 빠져나가고

허물처럼 빈 자루만 남아있던

뒷방 주인도 한 때는 보물이었다

마음의 밀도

지독한 태풍이 지난 뒤
유난이 무성했던 고목은
바람을 고스란히 끌어안은 채 쓰러졌다
쓰러진 고목 곁에는
바람 한 점 머물지 않았다

한 때 마음 가득 바람을 채우려 했다
전신으로 팽창하며 전해오던
희열, 마지막으로 가는
아찔한 바람 끝자락에 서서
온 몸을 내어준 적이 있다

가끔 잊혀진 바람이
계절 따라 문득문득 찾아온다
심장 한 귀퉁이가 시큰거리지만
이제는 엉성하고 숭숭 구멍이 뚫린
마음의 밀도

온 몸을 휘감고
뼈 속까지 바람이 지나도
적어도 쓰러지지는 않겠다

행복은 질긴 뿌리를 가지고 있다

잔디밭 한 귀퉁이에 자리 잡은 크로버
잔디에는 치명적이라지만 크로버에게도 삶은 있다
뿌리가 뽑히고 잘리는 고통에도
잘린 뿌리에서 새 마디를 밀어내며
잎을 틔운다 한 고봉 꽃도 피운다

네 잎은 행운, 세 잎은 행복이라는데
행복은 어떤 모습일까
큰 것, 작은 것, 숭숭 구멍이 뚫린 것
병 깊어 쪼그라든 것, 벌레 먹어 흔적만 남은 것
행복이란 반듯하고 매끄러운 것만은 아니었다
상처는 행복의 또 다른 모습,
행복의 무리 속에 보일 듯 말 듯 숨어있는
네 잎 크로버, 행운도 벌레에 먹혀있었다

세상의 틈새에 발을 뻗으며
상처 난 나의 뿌리,
어둠의 터널이 길고 깊을수록
높은 산을 넘고 있는 것이라고
부르튼 발등을 도닥여본다

맹독

스스슥 붉은 소름 돋는,

얼룩무늬 뱀 한 마리가 입을 있는 대로 벌려, 제 몸통의 서너 배는 되는 두꺼비를 반쯤 삼킨 채 똬리를 틀고, 넘기지도 뱉어 내지도 못하고 몸을 떨고 있는,

어떤 이는 그 뱀이 능사라는데, 그렇다면

두꺼비 암컷은 산란기에 스스로 능사를 찾아간다. 능사의 화를 있는 대로 돋구어 스스로 잡아먹힌다. 새끼를 낳고 죽는다. 두꺼비 몸에서 분비된 독으로 능사도 죽는다. 능사의 살을 파먹고 뼈마디에서 두꺼비 새끼가 태어난다.

사실일까,

어미가 되기 위해선 죽음을 각오해야 한다, 때론 상관없는 누군가에게 목숨을 내줘야할 때가 있다, 서로에게 독이 되는 사람이 있다, 죽음은 새로운 시작을 낳는다,

그 모습을 보고 있자니, 뜬금없이

부둥켜안은 남녀의 알몸이 떠오르는 거야. 뱀의 독이 두꺼

비 몸으로 퍼지고, 두꺼비 독이 뱀의 몸으로 스미며, 서서히 죽음으로 가는, 그러나 떨어질 수 없는, 참혹한 사랑

고향

대학 사 년 외도 빼고
사십여 년 말뚝 박은 고향
바닥은 좁고 아는 이 많아
읍내 한 번 나가면 열 댓 번 인사하는,
집안 일 훤히 알아 안부 꼭 묻는 어르신
좋은 일 없는 대답 반복하기 싫어
모자 꾹 눌러쓰고 땅만 보며 걸어도
엄마 빼다 박은 모습 단박 알아보는,
사방팔방에 눈이 있으니
마음껏 웃지도 울지도
싸움질도 놀아나지도 못하는,
모든 것 사라졌으나
흉터의 내력 고스란히 남아
걸음걸음 아프게 밟히는,
떠나지 못한 것이 아니라
떠날 수 없었다 구구절절
말할 필요도 없는,
깊은 속 나를 꼭 빼닮은
애물단지

겨우 죽음이라니

마른 낙엽이 바람에 쓸려
멈추는 곳은 막다른 골목
아니라고 소리 질렀지만
돈 때문에 남 몰래 울기도 했다
외삼촌은 그 돈 때문에 방아쇠를 당겼다

사랑 때문에 운 적도 있다
사치스런 감정에 허우적거리지 않으려
말문을 막고 마음의 문을 닫고
뒤 돌아서 뜨거운 숨을 삼켰다
사랑이 끝났다며 세상을 던진 어린 녀석

돌이켜보면
아픔도, 슬픔도, 사람도 그러했다
겨우, 겨우, 버텨왔다
찬 기운으로 여름을 꺾는다는 처서
친구의 죽음을 알리는 문자가 떴다

아무거나 속엔 '오직'이 숨어있다

안주는 뭘로, 묻는 호프집 주인에게
아무 생각 없이 아무거나, 하니
진짜 아무거나가 나온다
아무거나가 아닌 아무거나
땅콩 먹태 한치 감자튀김 과일까지
꽉 차 있는 아무거나다
아무 생각 없다는 건
하나로 가득 차 있어
다른 생각 들어갈 틈이 없다는 것

술은 뭘로, 아무거나?
메뉴판을 건네며 웃는다
  힘이 솟는다 산삼주
  요강이 깨진다 복분자
  애인과 함께 머루주
  책임 못진다 벌떡주
  아침이 다르다 오가피
웃음이 먼저 거나해진다
모든 유혹을 뿌리치고 소주로, 주문한다

내 맘 속에 오직인, 하나처럼

울기 좋은 날

비 오는 날은 울기 좋은 날이다

바닥을 다 드러낸 저수지처럼
숨겨온 이야기 들켜버리고
눈물조차 흘릴 수 없는 팍팍한 날
한 줄기 소낙비 퍼부으면, 그건
지상의 모든 숨겨진 울음이
한꺼번에 쏟아지는 것

흘려도 흘려도
줄어들지 않는 슬픔을 함께 해 주는
비 오는 날은 울음을 숨기기 좋은 날
털어놓을 수도 침묵할 수도 없는 것을
씻어 내기 좋은 날

바람까지 세차게 불어
산더미 같은 슬픔이 부서지는 바닷가
고운 모래로 남을 때까지
응어리를 부셔버릴 수 있는

비 오는 날은 낮아지기 좋은 날이다

주홍색 스웨터

눈물이 많은 까닭을 알았다
슬쩍만 건드려도 울컥울컥
눈이 먼저 젖어버린 이유
불씨를 덮고 있는 생솔가지처럼
불길이 되지 못한 매운 연기가
숨구멍을 메우고 있다

어쩌면 젊은 시절 내 몸은
너무 푸르러서
탈 수 없었던 것인지 모른다
이젠 바삭하게 마른 가지
갈바람의 풀무질에
주책처럼 쉽게도 타오른다

엄마도 여자이고
아버지도 남자라는 것이, 새삼스런
눈물 마른 중년은 안다
이 가을 온 세상이 왜 붉어지는지
노을은 왜 핏빛인지
왜 갑자기 주홍색 스웨터에 손이 가는지를

낡은 지갑

살과 뼈가 하나 되기까지
몸을 말리는 북어처럼
고집 하나로 지탱하는 마른 삶
실컷 두들겨 맞거나
잊혀진 눈물 배어들 때면
찻잎 풀어지듯 허물어지는 지갑은
늘 비어있다

바닷소리 그득하여
싱거운 세상에
짠 내음 게워내기도 하는
촘촘히 바늘 꽂는 날도 가고
축 쳐진 살갗처럼 낙낙해져
몸의 일부가 되어버린
낡은 지갑

깊숙한 곳에는
주민번호와 이름 석자
젊은 시절 사진 한 장
토담 허물어지고
문짝조차 떨어져 나간
헌 집의 사괘를 맞추고 있는

성성한 뼈대처럼
빈 생애를 받치고 있다

간간히 새살을 잡는 바람 소리 새어 나오고

인생론

하류로 갈수록

강은

넓고 깊다

해설

노화된 몸(身)이 언어(言)를 일깨우다

— 정명순 시집『웃음으로 쏟아지는 눈물』

김선주 문학평론가

노화된 몸(身)이 언어(言)를 일깨우다

— 정명순 시집 『웃음으로 쏟아지는 눈물』

김선주 문학평론가

좋은 시란 무엇인가? 독서 인구는 점점 감소하고, 시의 가치도 그 빛이 퇴색하여 자꾸만 내리막길을 걷는 듯하다. 그럼에도 시를 쓰겠다는 인구는 줄어들지 않는 것 같아 웃어야 할지 울어야 할지 참 아이러니한 상황이 바로 21세기 오늘의 모습이다.

우리는 문명의 이데올로기와 문화라는 지점에서 늘 이성적으로 만나야 한다. 혹자는 첨단 문명에 젖어 충분히 걸어갈 거리도 차에 의존하여 시간을 단축하고자 한다. 그뿐만 아니라 육체적 노동이 필요한 일도 모두 기계가 대신하는 즉, 무인 기계시대가 도래했다.

물질의 잔재에 자리를 내어주고 편리한 영역에 드러누워 무엇을 생각하는가? 그 틈새를 비집고 들어온 상념이 빚어낸 문화는 천박한 수준을 넘어 인간성 말살, 기형적 인간관계 속에 박제된 괴물이 득세하는 심각한 문제에 직면한다.

이쯤에서 우리는 시인의 역할과 시의 진정성에 대하여 재고해야 한다. 수많은 시인이 존재해도 그들이 문학적 생명력을 잃고 한량처럼 살아간다면 철인 플라톤Platon의 투박한 수사법처럼 시인을 이 땅에서 마땅히 추방해야 할 것이다. 이는 단순히 명예의 전당에 이름이나 올리고 품격 있는 문화인으로 행세하기보다, 적극 대중문화의 중심에서 명예와 물질을 단번에 거머쥐고 성취의 깃발을 높이는 격이다.

이 땅의 시인이 자아정체성을 잃고 글을 쓰는 행위도 점차 늘어가는 추세다. 자기경험, 자기만의 고유한 세계를 지키지 못하고 타인을 향한 몸짓에 현혹되어 자기 목소리를 잃어버리는 예가 흔하다. 때로 누군가는 "낯설게 하기"란 명목으로 시를 난도질하거나 언어의 짜깁기 또는 생명력 없는 문화의 이데올로기 일부를 무차별 도입하여 마치 금형으로 찍어내듯 모방의 시 창작에 몰입한다. 이에 동조한 세력 역시 사업성이란 면에서 그들을 고객으로 예우하는 행태를 보며 시의 생명력 부재 또는 시 문학의 기형화를 양산하는 선봉에 서 있음을 절감한다.

이런 상황에서도 분명 시는 살아있다. 다수가 이기적 상술에 얽혀 시의 순수성을 잃어가는 출판시장에서 어떤 이는 정도를 걷기 위해 애쓴다. 정명순의 시에는 진짜 사람의 이야기가 숨 쉬고 있다. 남들이 구시대적인 명물이라고 에둘러 놓았던 추억을 하나둘 찾아내어 그녀의 시에 생명력을 부여하는 주된 에너지로 삼는다.

1.

현대 사회는 이기적이고 퇴폐적인 삶의 군상으로 즐비하다. 우리와 네가 없이 오직 나만 있는 경쟁의 시대는 지나치리만치

삭막하다. 자기 경계(영역)를 제대로 세우지 못하고 무한 경쟁 속에서 이기적 이데올로기란 감옥에 갇혀 무기징역과도 같은 삶을 수행한다. 얼마나 불쌍한 인생인가.

그런 시대를 향해서 순결한 영혼을 지닌 시인은 마치 다정다감한 친구 같은 마음의 언어로 우리를 발견하자고 손을 내민다. 이제 생소하게 느껴지는 단어 "우리"란 공동체 안에서 더불어 호흡하자며 이미 돌아선 독자를 향해 부드러운 손으로 돌려세운다. 아래의 시 작품에서 그 참된 모습을 찾아본다.

운명처럼 기울어진 탓인지
한 귀퉁이가 허물어진 탓인지
바로 잡으려 할 때마다 통증이 밀려와
그것이 너와 나의 영원한 간격,
그래서 사계절 꽃이 피고 지는 것일까
그래서 낮과 밤이 바뀌는 것일까
—「우리 사이」 부분

사람은 누구나 자기 정체성, 자기 영역을 구축하려 한다. 급속한 기계문명의 발달은 인류에게 이분법적 가치관과 속물근성을 주입해 이기적인 상관물로 전락시킨다. 그 결과 인류가 누려야 할 "공동체의 생명력"도 상실한지 오래다.

아래 인용한 「우리 사이」 첫 연에서 밝히고 있듯이 잃어버린 "우리 사이"를, 기형적으로 변형된 형상을 되찾으려 시도할 때의 불협화음에 대해 안타까운 심정을 토로한다.

서로 맞추려고 몸을 비틀 때마다/ 우드득 우드득 뼈마디가

뒤틀리고/ 그 사이로 사나운 바람이 부는가 봐/ 막으려 해도 가
슴을 훑고 지나는 바람이/혼자라는 말을 남기고 가나 봐

자신도 모르게 문명의 유혹에 취해 있다가 문득 인생을 반추할 때 밀려오는 허전함, 우울감에 대하여 시인은 치유책을 모색한다. 혹자는 지구가 변화된 현상이라고 일컫지만, 그 이면을 살펴보면 시적 자아의 슬픈 시선과 마주하게 된다.

그 다변화된 현상을 운명으로 돌리고 싶어 한다. 허물어진 귀퉁이, 그것의 원상복귀를 꿈꾸는 순간 너무 늦은 건 아닐지… 이미 뒤틀리고 변형된 것에서 신음처럼 울려 퍼지는 통증을 느낀다. 그 벌어진 틈 속에서 일어나는 삶의 단면, 즉 변화의 과정을 한 송이 "꽃"을 매개로 실현하고자 애쓴다. 그것은 때로 낮과 밤이 바뀌듯 자연스러운 현상으로 설명되지만 한 개인이 어찌할 수 없는 시대의 흐름, 인류의 변천 과정에서 소통이 부재한 사회가 생성된다.

시인은 삶을 냉철하게 개념화시킬 뿐 아니라 창조적이고 거시적 계획의 틈바구니에서 치열한 삶을 꾸려간다. 반면에 자연 친화적 삶을 위한 순응적 자세도 나타난다.

프랑스 작가 앙드레 말로Andre-Georges Malraux의 20세기는 "단지 인간밖에 되지 못하는 괴로움"에 대한 자각과 몸부림으로 시작된다. 모두에게 예약된, 그 누구도 피할 수 없는 '죽음'이라는 숙명, 바로 이 '유한성'에 대한 뼈아픈 인식이 순환된다.

가슴으로 안아 줄 수 없는
사랑은 등에 매달린다

아슬아슬 절벽 틈새로 뿌리를 내린다
다른 곳을 보고, 다른 것을 품는
돌아선 등에 매달려 목숨을 건다

지친 밤이면 무너져 눕는 절벽들
그림자처럼 슬그머니 곁에 누워
깊은 잠에 든 등을 쓸어내린다
맺힌 응어리가 스치는 손끝에서 와르르 떤다
너는 어느 등에 매달려 있는 것일까
읽지 못할 편지를 밤새 절벽에 쓴다
—「절벽」 부분

20세기의 앙드레 말로가 끊임없이 "나약한 인간" - 인간 생명의 유한성, 인간에 대한 환멸 - 을 향해 고뇌의 흔적을 남겼다면, 21세기를 살아내는 정명순은 그 괴로움을 유한한 인간에게 맡겨진 하나의 목표 대상으로 인식한다. 그녀는 삶에서 해답을 찾고자 자신의 내면을 세상에 노출한다.

보통 어린 시절엔 어머니 "등"이나 할머니 "등"에서 단꿈에 젖어 평안을 맛본다. 거기엔 어른들이 신물 나게 부딪히는 세상, 물질세계와 다른 동심과 추억이 숨 쉰다.

어느덧 세월이 흘러 어른이 되면, 자녀에게 등을 내어주고 사회의 동반자와 등을 비비면서 살아야 한다. 그것은 바꿀 수 없는 순환의 법칙으로, 유년의 추억 속 "등"이 세상을 극복하고 나가야 할 절벽으로 인식된다.

떨어지지 않으려고 담쟁이처럼/ 치열하게 등에 매달렸던 그

땐/ 사는 것은 절벽에 매달리는 것/ 사람은 절벽에 오르며 산다는 것을 몰랐다

절벽을 올라본 사람은 충분히 공감할 것이다. 더구나 절벽을 오를 때 훌쩍 빠져나간 기운에 비례하여 밀려오는 두려움과 공포, 차마 손에 잡은 끈을 놓을지 말지…

어쩌면 생 자체가 어린 시절 유약한 자아를 지켜주던 따스한 부모의 "등" 대신 삶과 죽음의 위기에서 갈등의 연속성 그 중심에 자리를 잡고 있는 거친 황야와 다를 바 없다. 여기서 시인의 역할이 눈부시게 빛난다. 그녀는 앙드레 말로와 달리 절벽에 매달려 절규하는 이에게 순결한 언어로 용기를 심는다. 시의 마지막 구절처럼 "너는 어느 등에 매달려 있는 것일까 / 읽지 못할 편지를 밤새 절벽에 쓰"는 행위는 독자로 하여금 현재 자신이 처한 생의 현실을 깨닫게 한다.

지금 당신은 어떤 만남을 유지하는가, 어떤 행복과 불행의 늪에서 방황하는가? 그들을 향해 시인은 오늘도 끊임없이 편지를 쓴다.

2.

또다시 "시란 무엇인가?" 재차 고민한다. 존 홀 휠록은 "참된 시란 깨달음의 수단"으로 정의한다. 뭇사람은 습관에 마비麻痺되어 반쯤 무감각한 상태에서 살아간다. 그들은 주변의 세계에 익숙해진 나머지, 더는 그 세계를 경험하지 못한다. 표면적으로 사물을 이해한다거나 사물의 개념을 지식으로 파악하는 것이 충분한 경험은 아니다.

시란, 사물에 숨겨진 의미를 직시하고 깨닫게 하는 언어의 결정체다. 그뿐 아니라 모든 의미가 서로 관계를 맺고 상생하는 우주에서 시인은 항상 새로운 것을 추구하며 살아간다. 곧 "시의 네 번째 음성" - 이는 엘리엇Eliot이 구별한 세 가지 음성 즉, 시인 자신에게 말하는 시인의 음성, 독자에게 말하는 시인의 음성, 극 중 인물을 통해서 말하는 시인의 음성과 구별한다. - 을 창조한다. 무형의 그 무엇에 이미지와 실체를 부여하고 자신에게 들려오는 것이 무엇인지 파악하고 배우는 것이 바로 시인의 역할이다.

아무 것도 하지 않는 것이 아니다

어수룩하고 초점 없는 눈빛
만취한 아버지처럼 서 있지만
그 속은 사람답고 싶은 바람으로 가득하다

(중략)

전부라고 믿었던 현실이
모두 떠난 텅 빈 들녘으로
바람이 들어차도
움직일 수 없는 허수 곁에는
참새, 이룰 수 없는 사랑
평생을 거부했지만
진정 기다린 건 참새였을까
기다림으로 빚어져

보내는 것이 운명인 허수

아무 생각도 없는 것이 아니다

—「허수아비」 부분

어느 날 길을 걷다가 고적한 시골 마을 어디쯤에서 "텅 빈 들녘"에 우두커니 서 있는 허수아비를 만난다. 평소 바쁘다는 핑계로 지나쳤지만 진지한 마음으로 "허수"에게 다가간다.

보통 아무 역할도 하지 않는 사람을 허수아비에 비유한다. 하지만 세상 그 누구라도 나름의 존재 이유가 있다. 저편의 허수아비 또한 그만의 역할을 충실히 수행한다. 인적이 끊긴 논배미 한가운데서 인간이 하지 못하는 우주 사랑, 자연 사랑, 인간 사랑을 발효시키는 중이다.

어수룩하고 초점 없는 눈빛/ 만취한 아버지처럼 서 있지만/
그 속에는 사람답고 싶은 바람으로 가득하다

바람에도 생명이 있다는 어느 시구가 생각난다. 솔솔 부는 바람이 "사람답고 싶은" 마음은 오늘날 21세기를 견디는 사람의 "바람"과 그 뜻을 같이한다. 시에서 "사람답고 싶은 바람"은 중의성을 내포한다. 즉, 허수아비가 닮고 싶은 "사람"은 단순한 모형이 아닌 그 안에 내재한 실체를 의미한다. 시에 드리운 "바람"은 가슴 속 깊은 곳에서 우러나는 경건한 의식으로 뜨거운 눈물을 동반한다. 그것은 간혹 자연의 바람wind이기도 하고, 간절한 기원을 담은 정신의 바람desire이기도 하다. 사람을 닮은 허수아비 가슴을 파고들어 대화를 시도하는 바람처럼 자신의 텅 빈 가슴을 무엇으로 채울지 고뇌하는 모습이 역력하다.

> 전부라고 믿었던 현실이/ 모두 떠난 텅 빈 들녘으로/ 바람이 들어차도/ 움직일 수 없는 허수 곁에는/ 참새, 이룰 수 없는 사랑/ 평생을 거부했지만/ 진정 기다린 건 참새였을까/ 기다림으로 빚어져/ 보내는 것이 운명인 허수

우리는 숱한 이별을 경험하면서 살아간다. 믿었던 사람이 떠나고 고통과 허무의 밤을 지낸 후 그제야 삶의 범주 속 만남과 이별을 재인식한다. 어느덧 이별의 아픔이 상품화된 시대, 쉽게 만나고 헤어지는 일이 무의미한 시대에 돌입했다. 인간성이 퇴색하고 인간관계가 변화한 현실에서 소통의 아름다운 빛마저 소멸해간다.

그래도 시인은 허수아비와 참새, 참새와 허수아비의 관계 및 속성을 통하여 인간성 회복을 꿈꾼다. 비가 오나 바람이 부나 변함없는 자태로 마냥 서 있는 "허수"의 기다림, 그 실체는 무엇인가.

> 온종일 바람으로 떠돌았습니다
> 목련 때문이야 홍매화 때문이야
> 햇살에 부서지는 벚꽃 때문이야
> 어느 새 잎이 돋기 시작한 산수유 때문이야
>
> 꽃들이 전부 하늘을 향한 건 아니었습니다
> 뿌리를 향해 고개 숙인 수양벚꽃
> 제 발등에 꽃 눈물을 쏟아 붓고 있었습니다

—「꽃 몸살」 부분

한 송이 꽃이, 그냥 피는 것이 아니다. 단순히 자연의 순리라고 치부하기엔 그 속에 내포된 의미가 너무 크다. 그 무엇도 예외 없이 저마다의 "몸살"을 거쳐 통과의례를 치르는 꽃의 세계, 어느덧 낙화의 시기에 이르렀다.

시적 자아는 1연에서 봄의 절정을 맞이한다. 향기로운 꽃에 취해 소녀처럼 들떠서 "온종일 바람으로 떠돌"고 있다. 만약 당대를 사는 뭇사람에게 "꽃은 왜 피는가?"라고 물으면 어떤 대답이 올까? 그저 계절이 돌아왔기에 생성된 자연의 결과물로 정의한다면 이 얼마나 슬픈 감정의 순례자일까. 다행히도 시인에게 "꽃"은, 풍부한 감성과 영감을 불어넣어 시 세계를 확장하는 주체로서 생명의 신비를 일깨운다.

오늘날 물질주의에 물들지 않고 참된 자유를 꿈꾸는 삶은 절대 쉽지 않은 일이다. 그것은 21세기의 이방인, 즉 망명자의 삶을 꿈꾸는 일탈 행위와 같다. 불현듯 자기의 생살을 찢어내는 고통을 감내하고 비로소 피워낸 "꽃 몸살"을 통하여 깨닫는다. 누구에게나 꽃의 몸살처럼 영혼의 고통으로 빚어낸 결과물은 가장 아름답게 빛난다.

3.

어느 시나 정도의 차이는 있으나 대부분 아포리즘 요소를 지닌다. 정명순의 시 또한 서정적 시어 속에 여성 특유의 부드러운 어조로 황폐한 세상을 위로하는 문구들로 가득 차 있다. 그녀의 시가 독자의 마음에 스며들어 치유healing의 언어로 승화되고 있다. 특히 그녀의 시 「답게」는 현대를 사는 이들의 인간성, 인간 철학, 인간의 도리, 윤리, 도덕, 가치관 등을 성찰하는 기회를 제공하며 어떻게 살 것인지 고민하게 한다.

> 나에게 나는/ 잊고 산 사람/ 가까워 너무 가까워/ 잊은 듯 없는 듯/ 잃어버리고 산 사람이다
>
> —「답게」 부분

문득 시인은 잃었던 자아를 되찾는다. 그것은 진정한 "나의 발견"으로 새삼 순수성을 간직한 자아를 인식한 과정이다. 그 순수성은 초심과 연결된다. 무슨 일에든 "초심을 잃지 말라"는 구절은 이미 널리 알려진 경구다. 처음 등단한 시인, 갓 결혼한 새댁, 갓 부임한 교사, 첫아이를 출산한 엄마는 대부분 초심을 갖고 생활한다. 초심에서 느껴지는 "첫" - 갓, 처음 - 이라는 글자가 불러오는 향기와 신선한 기운은 그 자체가 설렘이고 기쁨이며 선한 마음이다.

아리스토텔레스는 『시학』에서 역사가와 시인의 차이점을 들면서 시인의 역할을 제시한다. 그는 운문과 산문의 구별이 아닌 시의 보편성과 역사의 개별성을 이야기한다.

어쨌든 후대의 관점에서 풀이하면 지난 과거의 역사보다 상상력을 동원한 지금의 시가 더욱 생동감 있게 감동의 메시지를 전하는 도구가 된다. 한편 실제의 역사와 상상의 표현 사이에 놓인 시적 장치가 독자의 심금을 울리고 치유의 효과를 지닌다.

새 책에는 푸른 날이 숨어있다
첫 장을 넘기면 어김없이
어수룩한 나는 피를 흘리고 있다
잔뜩 도사린 문장들이
들어오기만을 기다렸다는 듯이
단 번에 손가락을 베어 문다
—「부드러운 날은 가슴을 벤다」 부분

현대는 신상품을 추구하고 그것을 인기 영역에 넣어 자리매김하는 일에 익숙해졌다. 유행을 좇아 수많은 사물이 인스턴트식 퇴물로 전락하고, 산업사회가 겪는 자본 및 자원의 심각한 고갈은 세계를 점점 더 위기상황에 빠뜨린다. 그뿐 아니라 약육강식이 철저하게 악惡을 더하는 가운데 인성이 말살되고 범죄가 증가한다.

네덜란드 생물학자 미다스 데커스는 자연과 동물의 세계를 모델로 삼아 인류의 삶을 이야기한다. 예컨대, 자연의 순리인 죽음과 쇠락을 거부하면 삶 자체를 거부하게 된다고 주장한다. 쇠약해진다는 것은 얼마나 멀리 여행했는지 알려주는 시계와 같다. 생존이 아니라 죽어 없어지는 것이 정상이며 노년은 실패가 아니라 성취이다. 삶의 멋진 부분들 – 잘 성숙된 치즈, 좋은 와인, 값을 매길 수 없는 건축물, 노련한 장인, 지혜 그리고 그것을 이끌어 내는 것 – 은 나이 듦에 관한 찬사이다.

이처럼 시인은 미다스 데커스가 제시한 "부드러운 것과 오래된 것"을 통해서 한층 비대해지고 경직된 사고에 둥근soft "날" 끝을 들이댄다. 덕분에 어두운 감각이 빛을 찾고 이성과 감성이 융합하여 따듯한 세상을 꿈꾼다. 요즘 사회추세는 서번트 리더십servant leadership, 즉 뜻 그대로 "섬기는 리더십"을 지향하고 있으며 오래된 것의 소중함에 대해서 재인식하는 계기가 된다. 새것보다도 헌것, 낡은 것이 더 후한 값으로 책정되어 고객에게 팔리기도 한다.

> 세상에 맞서며 세월에 부딪치며/ 스스로 날을 갈아낸다/ 수없이 핏대를 세운다/ 깨지고 부서질수록 날은 무뎌져/ 더 이상 상처 주지 않는/ 칼 아닌 칼이 된다

시인은 우리의 삶이 "더 이상 상처 주지 않는/ 칼 아닌 칼이 되"기를 설파한다. 이것이 겸손의 미학을 실천하는 관건이며, 이웃한 동료와 뭇사람에게 삶의 가치를 드높이는데 공헌하는 것이다.

어느덧 잔혹하게 변한 인간 군상 틈에서 시인은 "세상에 맞서며" 살기 위해 잔혹한 인성을 치유하려 애쓴다. 본래의 순수한 인간으로 환원하려면 강한 날이 아닌 "부서질수록 날은 무뎌져 / 칼 아닌 칼"의 이름을 지닌 날카로움을 잊은 부드러운 "날"이어야 가능하다. 그 부드럽고 무딘 날의 힘은, 온갖 이기주의적 행태를 오려내고 시나브로 기적처럼 사랑과 믿음을 되찾는다.

4.

아리스토텔레스는『시학』에서 시인도 화가나 다른 모상 작가와 같이 일종의 모방자이므로 사물을 언제나 그 세 가지 국

면 중 한 국면에서 모방해야 한다고 이야기한다.

지금도 시인은 삶의 과정을 통해 묻어나는 사상과 철학, 삶의 뒤란에서 관찰해 온 상관관계의 씨실과 날실을 조직하여 글쓰기에 돌입한다. 표현 기법은 단순한 모방이 아닌 생의 아픔과 열정을 담아 그만의 독특한 창의성을 획득한다.

언젠가 티브이 화면을 통해서 "노인의 수다"에 관한 프로그램을 시청한 적이 있다. 그 원인이야 생물학적 연륜과 경험의 표현일 수 있고, 기억상실의 예고 없는 불안이 빚어낸 결과일지 모른다. 시인은 그런 삶을 예견하고 있었던 걸까? 다음의 시에서 그 실마리를 찾아본다.

불쑥불쑥 치솟아
살얼음 진 새벽을 깨치는
갱년기의 열기,
이젠 몸이 아니라
가슴으로 살라는 말인가
붉은 언어들이 열꽃으로 핀다
—「몸이 말을 하다」 부분

시적 자아는 어느 날 인근 야산을 산책 중인가 보다. 설령 노화가 자연스러운 현상이라 해도 갑자기 둔화된 "몸" 상태가 낯설다. 그는 새삼 "오르는 일이 이렇게 어렵다"고 한탄한다. 더불어 "몸이 예전 같지 않다"는 말은 엄살이 아니라 실제 슬픈 이야기다. 등산, 창작, 학문, 사랑은 "오르는 일" 즉 성취욕과 연관되는데 몸이 힘드니 의욕도 저하된다.

나이가 들수록 "마음이 급해지고" 있지만 그럴수록 "나지막한 단어들"을 엮어 하늘과 땅의 경계선을 만든다. 그동안 숱한 "오르막"을 경험했으니 이제 머나먼 "지평선"을 향해 순순히 걸을 시기다. 다시 마음을 추스르고 "갱년기의 열기"를 벗 삼아 창작의 불꽃을 태워야 한다. 노화된 "몸"이 언어(言)를 일깨우고 "말"이 곧 시가 되는 날을 꿈꾸며 오늘을 견딘다.

중국의 문호 유협은 저작『문심조룡』에서 문학을 다음과 같이 말한다. 즉, 상상력의 미묘함을 통하여 정신은 외부의 사물과 접촉한다. 정신은 마음속에 거주하는데 그것의 활동작용을 다스리는 것은 사람의 의지와 성격이다.

정명순의 시를 읽으면 유협의 말처럼, 그녀의 시어 속에 비치는 건강한 인격, 정신과 표현을 통하여 마음의 안식healing을 얻는다. 모쪼록 두 번째 시집『웃음으로 쏟아지는 눈물』이 고독하고 황폐한 시대를 정화하는 치유책이 되기를 소망한다.

정명순

정명순 시인은 충남 홍성에서 출생했고, 공주사범대학교와 공주대학교 교육대학원 역사교육과를 졸업했다. 2003년『동강문학』으로 등단했으며, 시집으로는『한 개 차이』가 있다. 충남시인협회, 서안시문학회, 홍성문인협회, 물앙금시문학회 회원으로 활동하고 있으며, 현재 홍성공업고등학교 교사로 재직하고 있다.

『웃음으로 쏟아지는 눈물』은 정명순 시인의 두 번째 시집이며, '담쟁이처럼 치열하게 매달렸던'청-장년의 시기를 지나서, 기껏해야 참새나 기다리며 살아가는 자의 존재론적 허무함과 그 비애를 노래한 시집이라고 할 수가 있다. 사랑과 이별, 인간 소외와 육체적인 쇠약, 절망과 죽음 등이 그 허수아비와도 같은 존재를 옭아매지만, 그러나 시인은 '웃음으로 쏟아지는 눈물'에서처럼 그러한 삶의 세목들을 더없이 아름답고 슬픈 시로 승화시켜나간다. 시는 인간의 자기 위로와 자기 찬양의 최고급의 예술인 것이다.

이메일 : jms2497@hanmail.net

정명순 시집

웃음으로 쏟아지는 눈물

발　행 2014년 6월 5일

지 은 이 정명순
펴 낸 이 반송림
편집디자인 김지호
펴 낸 곳 도서출판 지혜
계간시전문지 애지
기획위원 반경환 이형권 황정산
주　소 300-812 대전광역시 동구 선화로 203-1 2층 도서출판 지혜 (삼성동)
전　화 042-625-1140
팩　스 042-627-1140

전자우편 ejisarang@hanmail.net
애지카페 cafe.daum.net/ejiliterature

ISBN : 979-11-5728-000-1 03810
값 9,000원